THÈSE

pour

LA LICENCE

Boyer

UNIVERSITÉ DE FRANCE. — ACADÉMIE DE RENNES.

FACULTÉ DE DROIT.

THÈSE POUR LA LICENCE

JUS ROMANUM..... — De jure fisci (Dig., lib. XLIX, t. XIV.)
DROIT FRANÇAIS... — Des droits d'enregistrement. — Économie de la loi du 22 frimaire, an VII ; application aux promesses de vente et au remploi.

Cette Thèse sera soutenue le lundi 7 août 1871

A DEUX HEURES DU SOIR

Par M. BOYER (Camille)

Receveur de l'Enregistrement et des Domaines à Pleyben (Finistère).

EXAMINATEURS :

MM. DURAND, HUE, professeurs; GUÉRARD et WORMS, agrégés, chargés de cours.

RENNES,
T. HAUVESPRE, IMPRIMEUR-LIBRAIRE
4, rue Nationale, et rue de Viarmes, 15.

1871

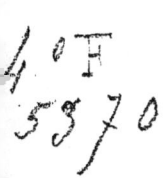

bona ipsi deferri; quædam præmia delatoribus tribui; quædam privilegia præter juris communis regulas, ad suarum rerum conservationem attribui.

Quæ modo diximus, ordinem hujus operæ nobis indicat, vicissim tractabimus.

1° Quæ bona fisco deferri possint.
2° Quibus nuntiatio bonorum ad fiscum permittatur.
3° De diversis fisci privilegiis.

CAPUT PRIMUM.

QUÆ BONA FISCO DEFERRI POSSUNT.

Variæ et multæ causæ sunt, ex quibus nuntiatio ad fiscum fieri solet. Quæ præcipue momentum habent, solummodo exponemus.

Primum ad fiscum pertinent, et ob id deferri debent, bona vacantia, id est, ejus qui sine ullo herede aut successore decessit. Idem erit de caducis aut ereptoriis.

Quin imo, fiscum petere posse bona ejus qui, postquam testamenta principem heredem instituit, decessit, manifestum est, aut ejus qui in capitili crimine mortuus est. Adhuc nuntiationis locus erat, quum quis thesaurum in fundum principis aut populi invenisset, cujus dimidia pars fisco tribueretur (D., *De jure fisci*, L. 1; L. 3). Quum bona ad fiscum nunciata publicarentur, non intelligebantur nisi deductione æris alieni et cæterorum onerum; iniquissimum enim foret quemdam in universum jus succedere, priusquam creditores solutionem accepissent. (D., *De jure fisci*, L. 11.)

CAPUT SECUNDUM.

QUIBUS NUNTIATIO BONORUM AD FISCUM PERMITTITUR.

Delatores dicuntur infame hominum genus qui rem ad fiscum pertinentem ultro et præmii gratia denunciant.

Non autem pro delatoribus habebuntur qui non sponte sua, sed necessitate officii denunciant, sicut officiales procuratoris Cæsaris, executores et nuntios fiscales, ad quorum munus pertinuit nuntiare ea quæ ad fiscum pertinebant.

Non ideo delatores sunt qui libenter et sua sponte semetipsos fisco deferunt, honestissimo animo incitati.

Agemus: 1° de delatoribus;
2° de his qui seipsos ad fiscum deferunt.

1° *De delatoribus.*

Non possunt deferre: mulieres, propter sexus infirmitatem; clarissimi viri, [milites, veterani, propter officii honorem; damnati ad metalla, propter indignitatem. (D., *De jure fisci*, L. 18.)

Præterea nunciatio ad fiscum prohibebatur servis et libertis erga dominos et patronos, propter obsequia ipsis debita; tutoribus et curatoribus, erga pupillos et adolescentes, etiam postquam onera cesserint. (D., *ibid.*) Quale autem fuerit delatoris præmium, dubitatur. Suetonius contendit Neronem Papia lege præmia delatorum ad quartas redigisse. An autem dicere voluerit de quarta parte ejus quod lex Papia statuebat, an de quarta bonorum delatorum.

Id nobis probabilius videtur, quia multi auctores delatores appellant quadruplatores. Jure novo, pars delatoribus tributa octava est.

Tempus erat intra quod nunciatio ad fiscum fieri deberet. Nam generaliter, exceptis causis in quibus minora tempora servari constitutum fuerat, præscriptio viginti annorum custodiri debebat. Tamen quadriennii tempus bonis vacantibus nuntiandis præscriptum erat.

2° *De his qui scipsos ad fiscum deferunt.*

Edictum divi Trajani præmium pro eis qui scipsos fisco deferrent creavit. Sed tria concurrere debebant :
1° Ut ipsimet qui se defert, res relictæ fuerint.
2° Ut eas capere leges prohiberentur.
3° Ut jus lateat quod in his rebus fiscus habet.

Quicumque professus fuit, edicti beneficium petere potest, id est, tam femina quam masculus; quamvis delationibus prohibentur, feminis tamen ex beneficio Trajani deferre permissum est. Idem jus erit de pupillis. (D., *De jure fisci*, L. 18.)

Præmium hujus edicti consistit duntaxat in dimidia parte ejus quod is qui se detulit accepisset ; quamvis fiscus ex hac delatione plus consecutus esset.

CAPUT TERTIUM

DE PRIVILEGIIS FISCI.

Ad jura sua servanda, modo fiscus communi jure utebatur, modo propriis regulis. Videbimus in hoc capite quæ privilegia ad fiscum pertinebant.

Fiscus repetere poterat omnia quæ debitor fisci in ejus fraudem solverat altero suo creditori, etiam si bona fide accepisset et consumpsisset.

Quum nemo teneretur edere contra se fiscus tamen adversarium cogere poterat, ut contra se ederet.

Nulla causa fiscalis absente advocato fisci judicari poterat ; nisi præsens esset advocatus, semper irrita sententia erat.

Causæ in quibus contra fiscum judicatum esset, intra triennium retractari poterant ; et etiam post id tempus, si prævaricatio aut fraus manifesta probaretur. (C., *De sent. adv. fisc. retract.*, L. 1.)

Post sententiæ retractandæ privilegium veniebat addictio in diem. Quum res fiscalis venderetur, etiam perfecta emptione, admittebatur, quivis intra certum tempus ut pretio adjiceret.

Servus fiscalis hæreditatem fisco delatam sine jussu Cæsaris adire poterat; procuratoris Cæsaris jussus sufficiebat.

Fiscus ex contractibus suis usuras non dat, sed ipse accipit. (D., *De usur.*, L. 17, § 5.)

DROIT FRANÇAIS

CODE CIVIL.

DES DROITS D'ENREGISTREMENT ET DE LEUR ORIGINE.

L'Enregistrement est une institution civile et financière dont le caractère spécial est de toucher de tous côtés aux principes qui régissent la famille et la propriété.

L'impôt de l'enregistrement, dont le produit annuel dépasse trois cents millions, se perçoit à l'occasion de la transmission des biens meubles et immeubles, de la naissance et de l'extinction des obligations ; celles-ci sont le résultat de faits nombreux et à titres variés, titres gratuits ou onéreux, titres de vente ou d'échange, etc. Chacun de ces faits est soumis à un tarif spécial plus ou moins élevé, selon que le vœu du législateur a été de favoriser tel contrat plutôt que tel autre. Les droits sont dus non pas à raison de la qualification donnée par les parties aux actes qu'elles dressent, mais bien suivant leur teneur. Il ne faut cependant pas oublier la règle : « *in re dubia melius est servire verbis,* » et avoir soin d'examiner si la substance du titre résiste à sa dénomination. L'Administration a donc pour mission de rechercher quelle est la véritable opération que se sont proposée les contractants et de la taxer en conséquence.

M. Troplong apprécie ce travail d'analyse en ces termes : « Quand
» le Trésor veut percevoir un droit d'enregistrement, dit-il, il faut
» presque qu'il se fasse docteur ès-lois afin de pénétrer dans l'infinie
» variété des actes de la vie civile, de discerner d'un œil exercé leur
» caractère propre et de baser sur cette reconnaissance la redevance
» due à l'Etat, de saisir enfin, aux détours d'un article du Code et
» sous un masque habile, les inventions de la fraude si féconde en
» faux-fuyants pour dérober au fisc la part réclamée par l'intérêt
» public. »

Les lois sur l'enregistrement embrassent aujourd'hui, comme celles qui sont relatives aux taxes féodales et comme celles du centième denier, deux espèces de droits parfaitement distincts par leur nature et par les objets auxquels ils s'appliquent, les droits de mutation et les droits d'actes.

DES DROITS DE MUTATION.

Les droits de mutation se lient intimement aux premières institutions de la propriété en France. On les voit paraître dès qu'elle commence à s'organiser et à se mouvoir. Il appartient à l'histoire de faire connaître quelle était la division des terres au moyen-âge, de définir les alleux, les fiefs, les censives, le domaine direct et le domaine utile, etc. Pour nous, nous nous bornerons à dire que la transmission des fiefs à titre héréditaire a été légalement reconnue par édit de Charlesle-Chauve, rendu en 877. A chaque transmission, le nouveau possesseur devait payer au seigneur, qui lui donnait l'investiture, une redevance plus ou moins élevée selon son degré de parenté avec le défunt. Cette redevance prit le nom de relief, *relevium*, parce qu'elle avait pour objet de racheter en quelque sorte le droit de réversion qui appartenait originairement au seigneur (Merlin, Rep. v° relief).

Dans certaines coutumes, grâce à la maxime devenue une base fondamentale de notre droit, *le mort saisit le vif*, les successions en ligne directe en furent affranchies.

Plus tard les fiefs et les censives purent être aliénés, soit à titre gratuit, soit à titre onéreux, moyennant dans le premier cas, le droit de relief, dans le second, un droit appelé *quint* dans certaines contrées, parce qu'il consistait dans la cinquième partie du prix, et *lods* et *ventes* ou simplement *lods* dans d'autres.

Le prix exprimé dans les contrats était le plus souvent sincère ; on savait le seigneur armé du retrait féodal, c'est-à-dire du droit de prendre, pour son compte, le marché qui lui paraissait entaché de fraude.

Jusqu'au XVIe siècle, la fixation de la quotité des *lods* fut abandonnée à l'arbitraire des seigneurs. A cette époque, les exactions de ceux-ci enfantèrent la résistance ; des jurisconsultes discutèrent les taxes qu'ils imposaient, et leur en demandèrent la raison d'être. Parmi ceux dont les travaux ont jeté sur cette matière le plus vif éclat, nous citerons Dumoulin.

Enfin, quand on rédigea les coutumes, les droits féodaux y furent inscrits ; des règles à peu près fixes furent tracées pour leur perception. Nous ne dirons pas les luttes des seigneurs et des rois sous le régime féodal, nous constaterons seulement que la royauté victorieuse frappa d'une taxe à son profit toutes les mutations de propriété.

Louis XIV ordonna, par un édit rendu en 1703, que tous les actes translatifs ainsi que les mutations par décès, à l'exception des successions en ligne directe, seraient insinués, transcrits en entier aux greffes des juridictions royales, moyennant un impôt dit de centième denier, parce qu'il était de la centième partie du prix exprimé ou de la valeur des biens. On appelle encore aujourd'hui vulgairement, droit de centième denier, celui qui se paie à l'occasion des mutations par décès. L'édit de 1703 eut pour prétexte de faire connaître aux seigneurs les mutations survenues dans leur mouvance et de les mettre à même de réclamer plus exactement leurs droits. Son véritable but, fut de créer des ressources à l'Etat ; son effet fut d'affermir le crédit par la publicité des transmissions.

Les droits payés aux seigneurs et ceux de centième denier avaient cela de commun qu'ils se percevaient à l'occasion des mêmes faits, *les mutations*. Ils différaient en ce que les premiers étaient une émanation du droit de propriété, les seconds une conséquence du droit de souveraineté.

Les uns et les autres avaient une grande analogie avec ceux qui sont perçus de nos jours sur les transmissions à titre gratuit ou à titre onéreux. Comme eux, ils étaient dus à raison de la mutation indépendamment de tout écrit.

DES DROITS D'ACTES.

Les droits d'actes sont de même nature que ceux de contrôle. Le contrôle, ce véritable berceau de l'enregistrement, fut créé sous le règne d'Henri III. Il avait pour but de donner une date certaine aux contrats, d'assurer la priorité des hypothèques et de conserver enfin les titres sur lesquels repose l'intérêt des familles. Cette formalité consistait, comme l'enregistrement actuel, dans l'analyse des actes sur un registre à ce destiné.

Les droits de contrôle comme ceux d'*actes* n'étaient dus qu'autant qu'il existait un écrit. Leur quotité avait été fixée en dernier lieu par le tarif du 29 septembre 1722 qui a servi à dresser celui de la loi du 22 frimaire, an VII.

Les droits de centième denier et de contrôle firent longtemps partie des fermes générales, mais à la fin du siècle dernier, il s'introduisait dans leur perception des abus tels que Malhescrbes, dans ses remontrances, les signala au roi en 1775.

« Votre Majesté saura, lui dit-il, que les droits de contrôle, d'insi-
» nuation et de centième denier qui portent sur tous les actes pas-
» sés entre les citoyens, s'arbitrent suivant la fantaisie des fermiers
» ou de leurs préposés, que les prétendues lois sur cette matière sont
» tellement obscures et incomplètes que celui qui paie ne peut jamais
» savoir ce qu'il doit, que souvent le préposé ne le sait pas mieux, etc. »

Quelque temps après, le roi confia la perception de ces droits à une compagnie relevant directement de l'Etat, qui prit le nom d'Administration générale des Domaines et des droits domaniaux. Enfin, la révolution de 1789 arriva ; sous son souffle d'égalité et de liberté, tous les droits féodaux s'écroulèrent ; les droits de contrôle, de centième denier furent supprimés et remplacés par un autre impôt dont la loi des 5 et 19 novembre 1790 jeta les premiers fondements, l'impôt de l'enregistrement.

La législation ancienne est utile à connaître parce qu'elle a contribué à constituer la nouvelle. Mais, il ne faut pas en conclure que les droits d'enregistrement puisent leur origine, comme les droits casuels des seigneurs, dans un droit primordial de propriété reconnu à l'Etat. L'admettre serait, comme le dit un célèbre arrêt de cassation (1), mentir à nos institutions modernes et à notre émancipation sociale. L'impôt de l'enregistrement repose sur un contrat d'assurance ; l'Etat garantit la propriété ; cette garantie entraîne des dépenses considérables que le Trésor fait payer à tous ceux qui en profitent, à chaque nouveau possesseur, au moment où un bien entre dans son patrimoine.

(1) Arrêt de Cassation du 23 juin 1857.

ÉCONOMIE DE LA LOI DU 22 FRIMAIRE, AN VII.

La conscience du législateur se révoltait au souvenir des priviléges de l'ancien régime et de l'arbitraire des taxes féodales. La loi des 5 et 19 décembre 1790 s'en ressentit. Confiante dans la loyauté des contribuables, elle ne frappa d'impôt que les conventions écrites et les mutations par décès ; les mutations secrètes n'étaient soumises à aucune investigation, et les actes sous-seings privés, sans pouvoir être recherchés dans d'autres actes, n'étaient assujettis à l'impôt qu'au moment de leur présentation à l'enregistrement. C'est là, le caractère distinctif de cette loi et de celles qui la précédèrent et la suivirent.

La loi de 1790 divisa les actes et titres en trois classes. Le droit de la première était proportionné à la valeur des objets stipulés ; celui de la seconde était payé à raison du revenu présumé des contractants ; celui de la troisième consistait dans une somme fixe suivant le degré d'utilité procuré par le contrat aux parties.

Elle contenait des lacunes importantes et nuisibles aux intérêts du Trésor. Plusieurs lois essayèrent de les combler, notamment celles des 9 pluviôse, 14 thermidor, 9 vendémiaire, an IV. Cette dernière fut importante, elle traça de nouvelles règles d'évaluation, établit l'expertise, soumit les mutations immobilières constatées par actes sous-seings privés à la formalité de l'enregistrement dans un délai déterminé et créa les présomptions légales de mutations secrètes adoptées depuis. Mais toutes portaient l'empreinte de l'imperfection de la loi organique.

Enfin, la loi du 22 frimaire an VII apparut; elle abolit toutes les dispositions antérieures, et constitua les bases de notre législation actuelle. Sa portée tout entière se révèle dans les paroles de son rappor-

teur. « Citoyens représentants du peuple, dit-il, vous comptez sur
» une amélioration dans les produits de ces droits ; mais pour l'obte-
» nir, il faut leur donner les bases qui leur manquent, fixer leurs quo-
» tités dans de plus justes proportions que celles qui existent, réduire
» à leur véritable taux les droits excessifs sur certains actes ; les ac-
» croître là où l'augmentation est possible et juste et les étendre à des
» mutations qui n'y ont pas encore été soumises : il faut simplifier la
» perception qui y est trop compliquée et en bannir l'arbitraire qui
» n'y est pas sans *influence* ; il faut enfin assurer le recouvrement par
» des moyens auxquels l'abus et la fraude ne puissent échapper. »

Et plus loin : «.... Il convient d'abroger toutes les lois qui ont été
» rendues sur cette partie, et de leur en substituer une qui soit fon-
» dée sur les principes de l'égalité, qui atteigne indistinctement tou-
» tes les fortunes, et qui, dégagée de difficultés, puisse apprendre au
» redevable ce qu'il doit, et au percepteur ce qui est dû. »

La loi de l'an VII a conservé l'ancienne division des droits de mutation et des droits d'actes. Deux grandes taxes ont été établies : l'une fixe, l'autre proportionnelle.

TITRE I.

§ I.

DES DROITS FIXES.

Les droits fixes s'appliquent à tous les actes soit civils, soit judiciaires, soit extra-judiciaires, qui ne contiennent aucune expression de sommes, aucun déplacement de valeurs, aux actes *qui n'obligent, ne libèrent, ne transmettent* (art. 3), à ceux enfin qui sont purement déclaratifs. Ce sont des droits d'actes exigibles seulement au vu d'un écrit. Leur quotité est variable quand ils frappent sur des contrats dénommés par la loi fiscale, invariable au contraire quand ils s'attachent à des actes innomés ou imparfaits.

L'art. 65 porte : « Sont soumis au droit fixe d'un franc, générale-
» ment tous actes civils, judiciaires ou extra-judiciaires qui ne se
» trouvent dénommés dans aucun des paragraphes suivants.

Les droits des actes civils innomés ont été élevés à 2 fr. par la loi du 18 mai 1850 (art. 8); mais les actes judiciaires sont restés soumis au tarif ancien, la pensée du législateur ayant été sans doute de dégrever les débiteurs malheureux.

§ II.

DES DROITS PROPORTIONNELS.

Les droits proportionnels sont dus sur tout acte *qui oblige, libère ou transmet*, sur les actes translatifs, contenant expression de sommes, déplacement de valeurs et sur toutes les mutations qui s'opèrent par décès (art. 4). C'est par exception (cette remarque a été faite lors de la discussion de la loi), que l'on a compris, dans l'art. 4, les condamnations, collocations ou liquidations judiciaires, les jugements étant généralement déclaratifs de droits préexistants.

Quant aux actes de collocations ou de liquidations amiables, ils ne sont assujettis au droit proportionnel qu'autant qu'ils contiennent obligation ou libération.

§ III.

Règles générales sur l'exigibilité du droit proportionnel.

Avant d'asseoir le droit proportionnel, il faut s'assurer :
1° Si la convention qui va en être l'objet est expressément tarifée par la loi fiscale.
2° Si elle n'est pas imparfaite par défaut de consentement.
3° S'il n'existe pas d'exception qui suspende ou écarte définitivement la perception.

I

Première condition : 1° Quand la convention n'est pas tarifée, elle tombe sous l'application de l'art. 68, § 1, n° 51.
2° En principe l'administration doit prouver que la convention qui donne naissance à l'impôt est écrite; néanmoins la loi l'en dispense dans les deux cas suivants :
1° Pour les mutations de biens meubles et immeubles qui s'opèrent par décès au profit des héritiers donataires ou légataires (art. 54.)
2° Pour les mutations d'immeubles entre-vifs à titre gratuit ou à titre onéreux en propriété ou usufruit, après toutefois la prise de possession. (Art. 4, loi du 27 ventôse an IX.)
En ce qui concerne les baux de biens immeubles, il faut prouver qu'il existe un écrit, mais il n'est pas nécessaire qu'il soit représenté (art. 13).
Pour tous les autres actes, leur énonciation ne suffit point, il est nécessaire que l'on en fasse usage ou qu'ils soient produits en justice pour être l'objet d'une perception. — La régie n'a d'ailleurs d'autres

moyens de preuves que ceux qui sont énumérés dans la loi de l'an VII, elle ne peut avoir recours à ceux du droit commun.

II

Deuxième condition : La convention est parfaite au point de vue fiscal, toutes les fois qu'elle contient les éléments indispensables à la création du contrat, ainsi seraient imparfaites une donation émanée du donateur seul, une vente sans désignation de prix, une obligation sous signature privée, non signée de la partie qui s'oblige, etc.

Le préposé n'a pas à s'occuper de la validité des contrats ; peu lui importe qu'ils soient atteints d'une nullité reposant sur l'omission des formes extrinsèques prescrites par le Code civil ou sur un motif de rescision pour cause de dol, d'erreur ou de violence (art. 1117) ; ils n'en sont pas moins assujettis à l'impôt, parce qu'ils produisent toujours une obligation naturelle et que d'ailleurs l'article 28 est ainsi conçu : « Nul ne pourra atténuer ou différer le paie- » ment des droits sous prétexte de contestation pour la quotité ou » pour tout autre motif que ce soit, sauf à se pourvoir en restitution » s'il y a lieu. (1). »

III

Troisième condition : Exemptions. Elles sont de deux sortes : Dilatoires ou péremptoires. Les premières naissent de la condition suspensive que peuvent contenir les contrats. L'obligation contractée sous une condition suspensive, est celle qui dépend d'un événement futur ou incertain, ou d'un événement actuellement arrivé, mais encore inconnu des parties (art. 1181) ; elle empêche la convention de

---

(1) D., E. n° 50.

prendre naissance : « Tandis que la condition est pendante, dit Toul-
» lier, t. 6, n° 256, l'obligation n'existe point encore, elle n'est
» point encore née, il n'y a qu'une simple espérance qu'elle pourra
» exister, « et plus loin, n° 804, » il n'existe point d'obligation avant
» l'événement de la condition, elle ne prend naissance que par cet
» événement : *incipit a conditione.* »

Si l'événement vient à s'accomplir, le droit est irrévocablement acquis et remonte, quant à ses effets, au jour de l'engagement.

La loi du 22 frimaire a gardé le silence sur les effets de la condition en matière fiscale ; dès lors on suit les règles tracées par le Code civil. *Pendente conditione,* aucune mutation n'ayant eu lieu, aucun droit proportionnel n'est exigible ; mais, après son accomplissement, il est acquis au Trésor selon le tarif en vigueur au moment de la formation du contrat. Il en était ainsi pour la perception des droits féodaux : « in venditione conditionali, dit Dumoulin, § 7, gloss. 1, n° 40, » non incipiunt deberi laudimia in conditione extante. »

On admet plusieurs exceptions : ainsi, quand un contrat de mariage contient des donations entre-vifs, le droit proportionnel est payé de suite, sauf restitution dans le cas de non-célébration devant l'officier de l'état civil. Il en était de même pour les cessions d'offices avant la loi du 25 juin 1841, qui règle aujourd'hui la matière.

Nous pensons que, par une mesure fiscale dérogeant aux principes du droit civil, tous les contrats avec clauses suspensives devraient être passibles du droit proportionnel sauf restitution, par dérogation à l'art. 60, dans le cas où il serait justifié de l'inaccomplissement de la condition. Personne ne serait lésé, ni le Trésor, ni les parties qui par tous les moyens ou preuves qu'elles ont à leur disposition pourraient facilement, s'il y avait lieu, obtenir le remboursement des sommes avancées par elles.

Les secondes consacrent ce principe : qu'un acte qui ne forme pas le titre d'une convention ne saurait rendre exigible le droit auquel la loi l'a tarifiée, par exemple, si dans un acte on énonce que l'un des contractants a prêté verbalement une somme d'argent à l'autre qui la lui a rendue immédiatement, il y a preuve complète qu'une obligation de sommes a eu l'existence, mais preuve en même temps que cette obligation n'existe plus ; donc point de droit de titre exigible.

A ces exceptions se rattachent celles qui sont spécifiées dans le titre XI, § 1. 2, 3 de la loi de l'an VII.

TITRE II.

DES VALEURS SUR LESQUELLES LE DROIT PROPORTIONNEL EST ASSIS ET DE L'EXPERTISE.

La valeur de la propriété de l'usufruit et de la jouissance des biens meubles et immeubles est déterminée pour la liquidation du droit proportionnel, tantôt par le revenu, tantôt par le capital. (Art. 14 et 15.)

En cas d'insuffisance d'évaluation dans le capital ou le revenu assigné aux immeubles l'administration de l'enregistrement a le droit de requérir l'expertise. (Art. 17.)

§ I.

Selon le vœu du législateur les droits doivent être perçus sur la valeur intégrale des biens transmis.

Le moyen qu'il emploie pour arriver à ce résultat, le revenu multiplié par vingt pouvait être bon au XVIIIe siècle; aujourd'hui, nous n'hésitons pas à dire qu'il contrarie nos idées modernes d'égalité devant l'impôt.

Pour faire saisir notre pensée, supposons la transmission entre-vifs à titre gratuit ou par décès d'une maison et d'un domaine rural, l'un et l'autre d'un revenu de 1,000 fr., la valeur de la première est au plus de 14 à 15,000 fr., les maisons rapportant de 6 à 7 %. au moins. Celle du second, au contraire, est de 30,000 fr. environ, car depuis que l'amour du morcellement de la propriété est entré dans nos habitudes, son revenu ne dépasse pas 3 %, néanmoins le droit d'enregistrement sera liquidé indistinctement sur un capital de 20,000 fr., contrairement à l'intention formelle que nous avons indiquée précédemment.

Nous voudrions que la lettre de la loi fut mise en harmonie avec son esprit, non pas en prenant dans tous les cas, comme l'ont proposé certains économistes, la valeur vénale pour assiette de l'impôt, parce que, pour nous, la valeur vraie d'un immeuble est celle qui est basée sur son produit, mais en multipliant le revenu des bâtiments par vingt comme par le passé, et celui des terres par trente.

§ II.

La loi laisse au contribuable le soin de déterminer le revenu des biens qu'il recueille. Il est vrai qu'elle accorde à la régie la faculté de contrôler son estimation par l'expertise. Mais qui ne connaît les difficultés de ce moyen ? L'expertise est une arme usée dont le Trésor se sert avec la plus grande hésitation et à la dernière extrémité. Il en résulte que la moitié des déclarations passent incontestées, quoique peu sincères.

L'homme scrupuleux, qui se souvient que l'Etat ne peut se soutenir si les citoyens ne le soutiennent pas, paie ce qu'il doit ; l'homme moins consciencieux se soustrait à l'impôt.

Ne serait-il pas préférable de prévenir la fraude plutôt que d'avoir à la réprimer ? Voici le moyen que nous proposons. Le revenu des biens transmis à titre gratuit entre-vifs ou par décès serait établi par un multiple du revenu cadastral fixé annuellement pour chaque commune par le Conseil général du département, les directeurs des administrations de l'enregistrement et des contributions directes préalablement entendus. Ce chiffre serait soumis au Conseil d'Etat qui en saisirait le Corps législatif, souverain juge, de qui doit émaner tout impôt.

Cette manière d'opérer ne saurait rencontrer de difficultés, puisque toutes les communes de France sont cadastrées. Les dissimulations de prix et de revenus dans les contrats ne tarderaient pas à disparaître ; les ressources de l'Etat ne dépendraient plus de la bonne foi des contribuables; le Trésor et la morale publique y trouveraient leur avantage.

Dans les dix autres titres, que notre sujet restreint nous oblige à n'examiner que sommairement, la loi pose les règles suivantes:

Tous les actes des officiers publics doivent être soumis à la formalité dans des délais fixes sous peine d'amende et de nullité dans certains cas. Les actes sous signatures privées n'y sont assujettis qu'autant qu'ils sont translatifs d'usufruit ou de jouissance de biens immeubles, mais il ne peut être fait usage des autres actes sous-seings privés qu'après leur enregistrement (art. 20 et suivants).

Les mutations par décès sont soumises à la formalité dans des délais déterminés. Tous les cohéritiers sont solidaires.

Pour le paiement des droits, le Trésor a une action sur le revenu des biens en quelques mains qu'ils se trouvent (art. 32).

L'article 60 pose un principe fondamental qui s'écarte complètement des principes de l'art. 1235 du Code, il porte : « tout droit ré-
» gulièrement perçu en conformité de la présente n'est pas restitua-
» ble quels que soient les événements ultérieurs, sauf les cas prévus
» par la présente :

Cette règle doit être entendue en ce sens, que l'effet retroactif attribué par le droit civil à la condition résolutoire et aux actions en rescision, est inapplicable au droit fiscal en tant qu'il s'agit de la restitution de l'impôt.

La perception est régulière toutes les fois que le receveur a fait une juste application de la loi aux actes qui lui sont présentés et aux déclarations qui lui sont faites. On entend par droit régulièrement perçu celui qui est encaissé et non celui qui est à percevoir.

Nous ne voyons que deux exceptions à ce principe : 1° celle qui est énoncée à l'art. 48, relatif à l'omission dans un jugement de la mention de l'enregistrement de l'acte qui fait l'objet de ce jugement, 2° celle qui est énoncée à l'art. 69, § 3, n° 3 pour les délégations de créances à terme dans les contrats dont il est justifié ultérieurement d'un titre enregistré. En ce qui concerne les restitutions qui s'opèrent à l'occasion des contrats de mariage non suivis de célébration, du retour des absents, etc., cet article ne leur est point applicable puisque le maintien des droits était dès le principe soumis à une condition qui ne s'est point accomplie ; par conséquent, ces droits n'étaient pas régulièrement perçus.

Par un esprit de justice dont l'administration fait toujours preuve, elle modère la rigueur de l'art. 60. En voici un exemple frappant : des immeubles avaient été compris dans une déclaration de succession pour un revenu supérieur à leur valeur réelle. Les parties le reconnurent plus tard dans un partage et demandèrent le remboursement des droits payés en trop. Voici en quel sens fut prise la décision de la régie : « la perception est régulière, mais la loi n'a pas deux ba-
» lances. Elle exige un supplément de droits de ceux qui, par er-
» reur, ont fait des évaluations de biens au-dessous de leur valeur ;
» par la même raison, elle doit autoriser la restitution des droits
» perçus pour des évaluations portées au-dessus de leur valeur (1).

Des prescriptions spéciales sont établies pour le recouvrement des droits d'enregistrement, le premier acte de poursuite, en cette matière, est une contrainte ; elle est décernée par le préposé à la perception et déclarée exécutoire par le juge de paix (art. 64 et 64) ; on s'est demandé si elle emportait hypothèque judiciaire sur les biens du redevable ? La Cour de cassation, par arrêt du 28 janvier 1828, s'est pro-

---

(1) G. R. g. n° 11,204.

noncée pour la négative ; cet arrêt sert de règle. On peut dire que cela est fâcheux, parce qu'il arrive souvent que les biens de la succession sont vendus, que le prix est payé comptant à des héritiers qui le dissipent et se dispensent d'acquitter les droits de mutation. C'est un fait digne de l'attention du législateur.

L'exécution de la contrainte ne peut être interrompue que par une opposition motivée formée par le redevable à jour fixe devant le tribunal civil de l'arrondissement (art. 64). Les tribunaux civils sont seuls compétents pour connaître des questions d'enregistrement, l'intruction se fait par mémoires respectivement signifiés. Les jugements sont rendus sur le rapport d'un juge, fait en audience publique, et sur les conclusions du ministère public ; ils sont sans appel et ne peuvent être attaqués que par voie de cassation (art. 65).

Plusieurs savants auteurs ont demandé que les plaidoiries soient autorisées sur les questions touchant les droits d'enregistrement. Ils y voient un moyen de faire revivre une étude aride et presque abandonnée. Ils voudraient aussi, dans l'intérêt des parties, que la Cour d'appel fut appelée à statuer.

Nous ne pensons pas que cette dernière mesure soit utile. Les contribuables ont toutes les garanties nécessaires. S'agit-il d'un droit contesté à réclamer ou à restituer, l'administration départementale est d'abord saisie, puis l'administration supérieure, enfin, on vient devant le tribunal civil, et la Cour souveraine prononce en dernier lieu. On a donc en réalité trois juridictions.

Telle est en substance la loi du 22 frimaire an VII. Elle a subi depuis 70 ans bien des modifications : les lois des 28 avril 1816, 15 mai 1818, 16 juin 1824, 21 avril 1832, 24 mai 1834 et 18 mai 1850, ont successivement augmenté ou diminué les tarifs, mais les principes sont restés les mêmes.

Nous allons voir l'application de quelques-unes de ses règles, en traitant de la promesse de vente et du remploi.

Des promesses de vendre et d'acheter (Art. 1589. C. civ.)

Ces promesses peuvent être ou unilatérales ou synallagmatiques.

Pothier définit ainsi la première : « une convention par laquelle il n'y a que celui qui promet de vendre qui s'engage, celui à qui la promesse est faite ne contracte aucune obligation. »

Telle est, par exemple, l'obligation contractée par un débiteur envers son créancier de lui abandonner, dans le cas où il ne le paierait pas dans le délai convenu, l'immeuble affecté à sa garantie. Puisqu'il n'y a pas engagement réciproque, aucune mutation n'a lieu, par conséquent un droit fixe est seul exigible.

Si la promesse de vendre une chose, moyennant un prix déterminé est suivie de celle d'acheter, elle devient synallagmatique.

Quels sont alors ses effets ? Selon que nous déciderons que la promesse de vente est ou n'est pas translative, il sera dû un droit fixe ou un droit proportionnel.

Dans l'ancien droit, les Docteurs avaient fait naître de vives discussions à ce sujet. Les uns soutenaient que les promesses de cette nature permettaient aux parties de réclamer à la justice l'accomplissement de la vente. Les autres voulaient qu'elles ne donnassent lieu qu'à une obligation de faire, résoluble par des dommages-intérêts en cas d'inexécution.

Dumoulin fit une distinction. Si les parties stipulaient *de præsenti*, si la promesse était pure et simple et réunissait les trois éléments nécessaires à la création du contrat, bien qu'elles remissent à une époque ultérieure pour dresser l'acte, il décidait qu'il y avait vente actuelle. « Quando omnia substantialia venditionis de præsenti interveniunt tunc pactum de vendendo transit in venditionem de præsenti et est actualis venditio. » Si, au contraire, elles stipulaient *in futurum*, si elles remettaient la consommation de la convention à une époque ultérieure, il pensait que la promesse n'obligeait point à passer contrat, et pouvait se résoudre par des dommages-intérêts.

Qu'a décidé le Code ?

Malgré l'opinion contraire de Troplong (1), il a, pensons-nous, supprimé toute distinction entre la promesse *de præsenti* et celle *in futurum*. Dès qu'une convention réunit les trois éléments nécessaires à la création du contrat de vente, bien qu'elle soit qualifiée promesse, le législateur y voit une vente véritable et en produisant tous les effets. Sa pensée tout entière se renferme dans ces mots « promesse de vente vaut vente » (art. 1589).

D'ailleurs, comment nier que la promesse synallagmatique ne renferme l'obligation de donner, laquelle est par elle-même translative de propriété. (Art. 1138.)

C'est donc avec raison que les actes de cette nature sont considérés par la loi fiscale comme emportant mutation de propriété et passibles du droit de 5,50 0/0, conformément aux art. 69 § 57 n° 1 de la loi du 22 frimaire, an VII et 52 de la loi du 28 avril 1816, contrairement à l'opinion de MM. Championnière et Rigaud (2).

Du remploi (art. 1434, 1435 du Code civil.)

La loi exige des formes solennelles pour la célébration du mariage. Après l'acte civil accompli, elle veille à l'immutabilité des conventions et à la conservation du patrimoine des époux. Telle est l'idée que l'article 1433 consacre par ce principe : *Toutes les fois que la communauté a tiré un avantage d'un propre au-delà de la valeur des fruits, il y a lieu à récompense, s'il n'y a eu remploi*. Le remploi est donc l'opération par laquelle le bien propre aliéné de l'un des époux est remplacé par un autre.

---

(1) De la Vente, n° 125.
(2) De la Vente, n° 1746, L. D. E.

Des conditions différentes sont exigées, selon que cette opération a lieu en faveur du mari ou en faveur de la femme. Pour que le remploi soit effectué à l'égard du mari, il faut que dans l'acte d'acquisition il déclare : 1° que l'immeuble est acquis moyennant les deniers provenus de l'aliénation de son propre ; 2° qu'il l'a été pour être subrogé au lieu et place du propre aliéné. Le législateur exige cette double déclaration du mari dans l'acte même, afin qu'il ne puisse pas à son gré, suivant que l'immeuble aura augmenté ou diminué de valeur, se l'attribuer personnellement ou le laisser à la communauté.

En matière fiscale, aucune difficulté ne peut s'élever, quant à l'application du droit proportionnel. Une mutation s'opère, il devient exigible.

Mais est-il dû un droit fixe?

Une décision du ministre des finances, du 28 juin 1808 (I. G., n° 392), prescrit de le percevoir ; néanmoins, nous pensons qu'il n'est pas dû. La déclaration du mari a pour but de faire connaître quel sera l'acquéreur ; elle ne saurait dès lors être considérée, comme une disposition indépendante, dans le sens de l'art. 2 de la loi du 22 frimaire, an VII. (1)

Pour que le remploi soit effectué en faveur de la femme, il faut non-seulement la double déclaration dont nous avons parlé, mais encore son acceptation formelle. Si elle la donne *incontinenti*, au moment du contrat, la subrogation est immédiate. Mais si elle manifeste ultérieurement sa volonté, (elle le peut tant que dure la communauté, cela résulte des mots de l'art. 1435 *lors de la dissolution de la communauté*), son acceptation aura-t-elle un effet retroactif? L'immeuble sera-t-il réputé propre non pas du jour de l'acceptation, mais de celui de l'achat? Plusieurs systèmes sont en présence. Dans l'un on soutient même que si le mari fait la déclaration prescrite par l'article 1435, l'immeuble qu'il acquiert est un conquêt. Si, plus tard, la femme accepte, il se forme un nouveau contrat dans lequel elle joue le rôle d'acquéreur, et ce n'est qu'à partir de cet instant qu'elle est propriétaire.

Dalloz, E, n° 3472.

On en déduit les conséquences suivantes : 1° Le mari peut révoquer, soit tacitement soit expressément son offre, tant qu'elle n'a pas été acceptée.

2° Les droits réels constitués par lui dans l'intervalle seront opposables à la femme.

3° Le tiers vendeur sera créancier du mari et de la communauté, mais il n'aura pas la femme pour débitrice directe, il ne pourra la poursuivre qu'en usant de l'art. 1166.

4° Deux mutations auront eu lieu, deux droits pourraient être perçus par l'administration de l'enregistrement.

5° Les deux contrats devront être transcrits.

On justifie cette doctrine par ces arguments : lorsqu'un mari achète un immeuble d'une tierce personne, il ne se produit de rapports qu'entr'eux deux. La déclaration qu'il fait ne concerne que le règlement pécuniaire qui interviendra, entr'époux, à la dissolution de la communauté. Dans l'autre, on prétend que l'acceptation produit un effet retroactif entr'époux, mais non quant aux tiers. Voici comment on raisonne : En se conformant à l'art. 1435, le mari joue le rôle de gérant d'affaires, la ratification de sa gestion par sa femme aura un effet retroactif, en vertu de la règle de droit, *ratihabitio mandato comparatur*, elle sera censée avoir traité directement avec le vendeur. Toutefois cette règle ne doit pas être prise dans un sens absolu; les droits conférés par le mari à des tiers pendant l'intervalle de l'acquisition à l'acceptation, seront maintenus selon les principes établis par l'art. 1338.

Ces deux opinions sont loin de nous satisfaire. La première, n'admettant aucune retroactivité, ne justifie en rien la double déclaration. La seconde, la déniant à l'égard des tiers, est obligée d'invoquer l'art. 1338 qui a rapport aux contrats annulables. Ce n'est pas là le cas.

Enfin, une autre théorie se produit, le mari qui dans l'espèce traite avec les tiers achète, dit-on, principalement pour sa femme et subsidiairement pour la communauté, il n'est qu'un *negotiorum gestor* (article 1372). Si la femme refuse, l'immeuble est un conquêt, si elle

ratifie, il y a rétroactivité absolue (art. 1179), elle est censée avoir parlé au contrat, elle est devenue propriétaire *ab initio*, les droits réels que pourrait avoir conférés le mari sur le bien s'évanouissent de plein droit. Cette doctrine est-elle celle du Code civil ? Nous le pensons, elle a pour elle l'autorité historique et le texte de la loi. Renusson inclinait vers elle, Pothier l'adoptait, Daguesseau disait (1) : « La ratifica-
» tion de la femme aura effet rétroactif au temps de l'acte, s'il en est
» ainsi par rapport à celui qui gère l'affaire d'autrui, à plus forte rai-
» son à l'égard du mari qui est censé le procureur de sa femme. »
Cette doctrine justifie l'utilité de la double déclaration. La femme est protégée sans qu'il en résulte de préjudice pour les tiers, car la transcription du premier contrat les a avertis publiquement que le mari n'avait qu'un droit résoluble sur l'immeuble auquel était attachée l'empreinte du remploi. L'adoption de cette opinion nous conduit à conclure, qu'aucun droit proportionnel ne saurait être exigé sur les actes de cette nature. Cependant, la Cour de cassation, par deux arrêts des 18 avril et 17 juin 1853, semble avoir préféré l'idée de rétroactivité mixte, puisqu'elle a autorisé la perception du droit de transcription sur les actes contenant acceptation ultérieure de remploi, tout en les dispensant de celui de mutation. Elle a aussi encore une fois consacré ce principe que les art. 25 de la loi du 21 ventôse, an VII, 52 et 54 de la loi du 28 avril 1816 devaient être entendus en ce sens, que tous les contrats dont la transcription présente une utilité quelconque pour les parties, devaient être soumis à cette formalité et non pas seulement ceux emportant mutation immobilière.

(1) D. 27 playdoyer.

QUESTIONS CONTROVERSÉES.

DROIT ROMAIN.

I. — Quel est le sens des mots *salva rerum substantia*, qui se trouvent dans la définition de l'usufruit? — Sans absorber la substance de la chose.

II. — Les risques étaient-ils à la charge de l'acheteur? — Oui.

DROIT FRANÇAIS.

CODE CIVIL.

I. — Lorsque la femme accepte le remploi fait dans les termes de l'art. 1435, y a-t-il un effet rétroactif opposable aux tiers? — Oui.

II. — La promesse de vente équivaut-elle à vente? — Oui.

III. — La vente est-elle valable si les parties sont convenues que le prix sera déterminé par les arbitres qu'elles nommeront plus tard? — Oui.

IV. — L'hypothèque est un droit réel, faut-il en conclure qu'elle est un démembrement de la propriété? — Non.

V. — Le débiteur qui n'a pas de biens présents peut-il hypothéquer ses biens à venir? — Non.

VI. — L'héritier en ligne directe qui n'aurait pas consenti à l'aliénation avec réserve d'usufruit ou à charge de rente viagère dans les termes de l'art. 918, parce qu'il n'était pas héritier présomptif au moment de l'aliénation, pourra-t-il demander la réduction? — Oui.

DROIT ADMINISTRATIF.

I. — La femme renonçante exerce-t-elle ses reprises sur les biens de la communauté à titre créancière et non de propriétaire. En conséquence, l'abandon des biens de communauté fait à la femme, constitue-t-il une transmission de propriété passible du droit de mutation ? — Oui.

DROIT COMMERCIAL.

I. — Le porteur d'un endossement irrégulier peut-il, par un endossement régulier qu'il a consenti, transmettre la lettre de change à un tiers ? — Oui.

II. — Pour le recouvrement des droits de mutation par décès, l'administration de l'enregistrement a-t-elle un privilége, non-seulement sur le revenu des biens à déclarer, mais aussi sur leur prix ? — La jurisprudence lui l'accorde sur le revenu seulement.

DROIT CRIMINEL.

Le complice d'une femme, qui a commis des soustractions au préjudice de son mari, pourrait-il être poursuivi ? — Non.

CODE DE PROCÉDURE.

L'action en garantie principale est-elle dispensée du préliminaire de conciliation ? — Oui.

C. B.

Vu pour l'impression:
Le Doyen :
Ed. BODIN.

www.ingramcontent.com/pod-product-compliance
Lightning Source LLC
Chambersburg PA
CBHW060558050426
42451CB00011B/1967